51

Lib 3493.

Rapport

FAIT

PAR M. A.^{PHE} TESTE,

AU NOM DE LA COMMISSION,

NOMMÉE PAR LE CONSEIL MUNICIPAL D'AVIGNON,

Pour l'examen de la légalité des mesure fiscales,

SUR LE RECENSEMENT.

1841.

SE TROUVE A AVIGNON,
au Bureau de l'Indicateur.

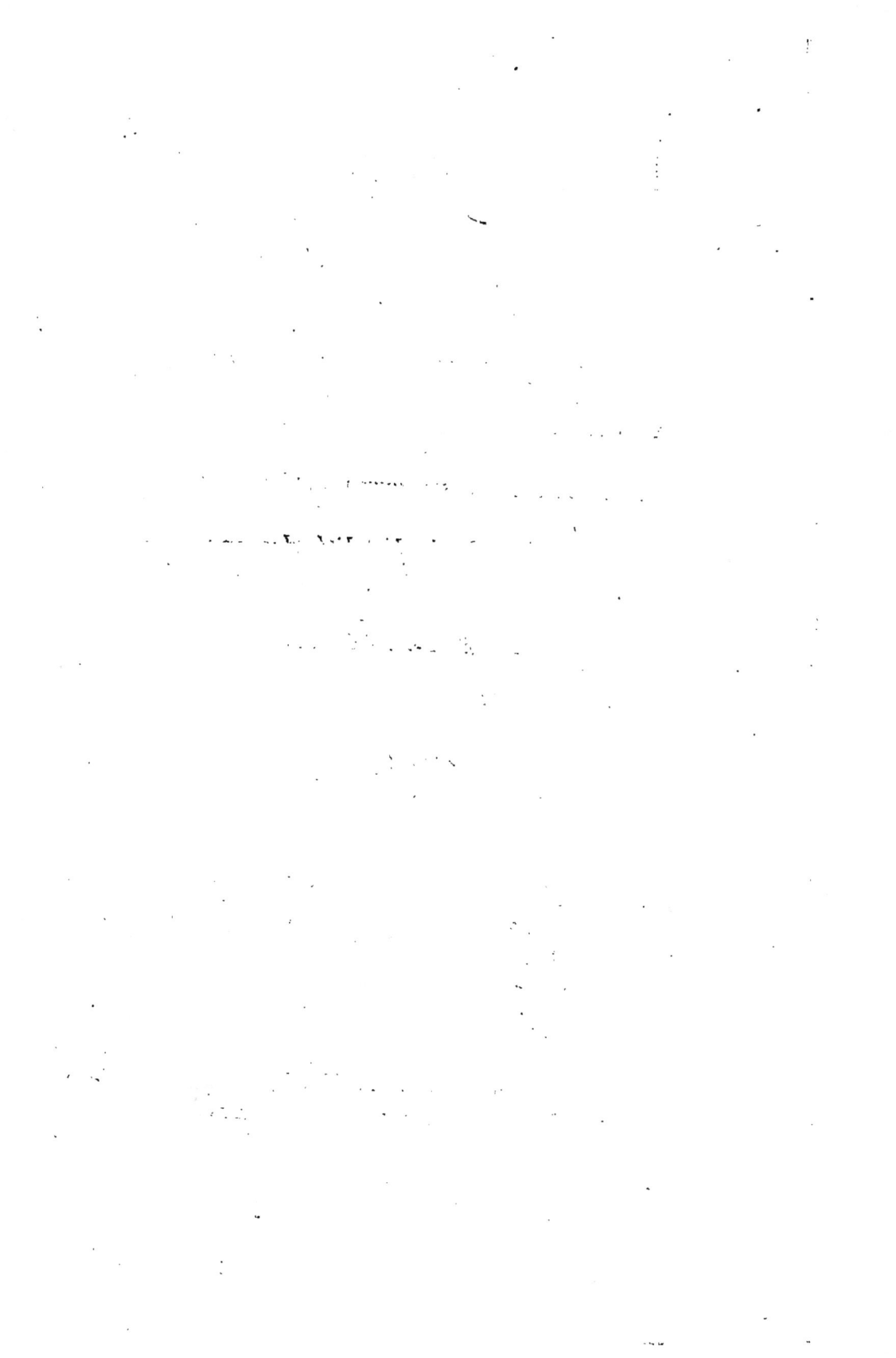

RAPPORT

FAIT

PAR M. AD. TESTE,

AU NOM DE LA COMMISSION,

NOMMÉE PAR LE CONSEIL MUNICIPAL D'AVIGNON,

Pour l'examen de la légalité des mesures fiscales,

SUR LE RECENSEMENT.

Séance du 12 Août 1841.

MESSIEURS,

En nous confiant le soin d'apprécier les mesures fiscales qui viennent d'alarmer le pays
vous nous avez départi une tâche d'autant plus
difficile qu'avant tout nous avons considéré que
s'il était de notre devoir de veiller sur les intérêts de nos concitoyens, nous leur devions aussi
l'exemple de la modération, et qu'à côté du
droit que nous avons tous de faire appel à la légalité et de n'accepter d'autre autorité que celle
de la loi, se trouve le danger de soulever les
passions. Aussi, avons-nous appliqué nos efforts

à écarter tout ce qui pourrait agiter notre population, éveiller des irritations et troubler la paix
publique : puissions-nous, en comprenant ainsi
notre mission, avoir réussi à concilier tous les
devoirs qu'une aussi haute tâche nous imposait ;
puissions-nous surtout nous rencontrer tous dans
une entreprise qui n'a d'autre but que le bien
public, et qui à ce titre devrait nous trouver tous
animés des mêmes sentimens et de la même indépendance !

Nous avons peu de chose à vous dire, Messieurs,
au sujet du recensement de la population ; cette
opération commencée par l'administration municipale avant la circulaire adressée le 23 avril
dernier à MM. les Maires du département de
Vaucluse a été opérée par elle seule, sans le
concours du Gouvernement, et a donné les résultats suivans :

Population intérieure. 28,889
Population des campagnes, Mo-
    rières compris 3,790
        Garnison 1,165

              Total. 33,844

Ainsi, nous sommes bien au-dessus du chiffre
de trente mille ames, et il n'y a pour nous aucune actualité d'intérêt.

Cependant, Messieurs, vous savez que Mo-
rières annexe d'Avignon, offre une population
qui est portée à 1,508.

Si ce faubourg, distant de notre ville de |près
de deux lieues et auquel nous ne tenons que par
les charges qu'il nous impose et que nous avons
peut-être imprudemment consenti à subir, venait
a être érigé en commune, l'effectif de notre population serait réduit à 32,336.

Dans ce contingent, l'administration a fait entrer la garnison, la population du co'lége, des séminaires, des prisons, des hospices et des enfans trouvés souscrivant ainsi a toutes les prescriptions de la circulaire mini térielle.

La garnison compte à elle seule pour un chiffre de 1,165 hommes, en la déduisant, nous resterons réduits à 31,171.

Si nous défalquions la population des divers établissemens publics que nous venons de vous citer, vous voyez que nous toucherions de près au chiffre duquel dépend pour nous une augmentation de charges si importante pour la cité.

En cet état de choses, votre Commission a considéré que si nous n'avions pas en ce moment un droit utile à exercer, nous ne devions pas, cependant, laisser établir de précédent qui engageât notre avenir, et elle a recherché si cette population flottante devait, en effet, figurer dans les tableaux d'inscription.

Vous en jugerez vous même par la lecture des dispositions législatives qui régissent la question.

Le décret du 19 juillet 1791 sur l'organisation de la police municipale, porte, art. 1er : « Dans les villes et dans les campagnes, les corps municipaux feront constater l'état des habi'ans, soit par des officiers municipaux, soit par des commissaires de police, s'il y en a, soit par des citoyens commis à cet e fet. »

Le décret de la Convention, du 11 août 1793, charge chaque commune de dresser un état de sa population effective.

Le décret du 10 vendémiaire an 4, sur la police intérieure des communes, ordonne qu'il sera fait et dressé dans chaque commune un état de tous les *habitans* ; et enfin, l arrêté du Directoire du 2 germinal de la même année, charge de nouveau l'administration municipale du soin du recensement en se référant pour les tableaux de la population aux lois qui précèdent. Depuis cette époque jusqu'à l'ordonnance du 16 janvier 1822, il ne se trouve aucune loi, ni règlement d'administration publique sur la matière des recensemens, et cette ordonnance, non plus que toutes celles qui lui ont succédé n'introduit aucun droit nouveau.

Les habitans seuls doivent donc figurer dans le contingent des populations des communes ; peut-on appliquer cette dénomination au soldat, au prisonnier, au malheureux qui gît sur le lit d'un hospice? Votre Commission ne l'a pas pensé et elle estime que par le mot *habitant* on ne peut entendre que celui qui fait partie de la famille communale, qui a son foyer, son domicile, une *habitation* en un mot.

Il lui a été objecté, il est vrai, que l'adoption de ce mode de dénombrement était une chose indifférente puisqu'en substituant la résidence de fait à la résidence de droit on n'en atteignait pas moins le même résultat, et que le soldat qui comptait dans la ville où il se trouvait était rayé de la population de la commune ; mais il nous a semblé qu'il ne nous appartenait pas de juger les conséquences d'une pareille innovation, qu'il y aurait toujours danger à s'écarter de la loi, et à se livrer à des règles arbitraires ; qu'il n'était pas exact, d'ailleurs, de prétendre que la substitution de ce nouveau mode d'opération fût sans inconvénient, que les grandes villes attirant toujours à elles les populations voisines n'auraient qu'à perdre dans cette nouvelle combinaison qui mettrait dans leur contingent un excédant d'individus cosmopolites, ne payant aucune des charges, ne remplissant aucune des obligations de l'habitant.

En résumé, votre Commission a considéré sur

ce premier point : qu'il était à regretter que l'opération du recensement eût été faite sur une base
qui n'était pas légale , sous le rapport de l'adjonction de la population flottante, et qu'il eût été de
l'intérêt de la ville de repousser , et elle vous
propose de déclarer que bien qu'en l'état vous
n'ayez pas d'intérêt à vous pourvoir , *vous n'en-*
tendez nullement acquiescer au mode adopté , et
contre lequel vous vous réservez tous vos droits.

Vous avez peut-être remarqué que nous gar-
dons le silence sur la prétention des agens du
fisc à concourir aux travaux de recensement , et
vous pourriez vous étonner de cette lacune si
nous ne vous disions que la circulaire préfecto-
rale pour le département de Vaucluse est muette
sur ce point , et que nous n'avons pas cru devoir
nous occuper d'une illégalité dont nous ne nous
sommes pas menacés.

C'est à l'égard du recensement des propriétés
bâties et des portes et fenêtres , des individus
passibles de la taxe personnelle et des loyers
d'habitation , des patentables et des valeurs loca-
tives que cette *intervention* nous a paru devoir
être l'objet d'un examen sérieux et approfondi ,
et nous venons vous livrer le résultat de nos re-
cherches.

Constatons d'abord quelle est la prétention du
gouvernement ; M. le Ministre des finances dans
sa circulaire du 2 avril dernier s'exprime ainsi :

Tous ces motifs ont déterminé le gouvernement à faire
exécuter en 1841 dans toutes les communes de France un
recensement général des propriétés bâties et des portes et
fenêtres ; des individus passibles de la taxe personnelle et
des loyers d'habitation , des patentables et des valeurs loca-
tives qui doivent servir de base au droit proportionnel. L'u-
tilité de ce recensement a été reconnue par les chambres qui
ont alloué dans la loi des dépenses un premier crédit pour
subvenir aux frais que l'opération doit occasionner.

M^r. le directeur général des contributions directes donnera pour l'exécution de cette mesure, les instructions nécessaires aux agens placés sous ses ordres.

Vous voudrez bien, de votre côté, M^r. le préfet, inviter les maires à assister ces agens dans l'opération du recensement en leur rappelant que s'ils refusaient ou s'ils négligeaient de le faire il y serait pourvu d'office par un délégué spécial conformément à l'article 15 de la loi sur l'administration municipale. Je vous serai obligé de m'adresser une ampliation de l'arrêté que vous prendrez à ce sujet.

Les résultats du recensement seront communiqués aux répartiteurs pour l'évaluation des constructions nouvelles et l'imposition des nouveaux habitans que le parcours du territoire fera découvrir.

On a cherché à justifier la légalité de cette mesure par la disposition finale de la loi du 15 septembre 1807 et par la loi du 14 juillet 1838.

Loi du 15 septembre 1807.

ARTICLE 39. Les directeurs des contributions directes sont spécialement chargés de la tenue des livres de mutation des propriétés et des industries.

Ils continueront de faire faire chaque année les recensemens et autres opérations relatives aux rôles des propriétés bâties et à ceux de la contribution personnelle et mobiliaire des portes et fenêtres.

Loi du 14 juillet 1838.

ARTICLE 2. L'article 31 de la loi du 21 avril 1832 est abrogé.

Cet article était ainsi conçu :

« Il sera soumis aux Chambres dans la session de 1834
» et ensuite, de cinq années en cinq années, un nouveau
» projet de répartition entre les départemens, tant de la
» contribution personnelle et mobiliaire que de la contri-
» bution des portes et fenêtres.

» A cet effet, les agens des contributions directes com-
» pléteront et tiendront au courant les renseignemens des-
» tinés à faire connaître le nombre des individus passibles
» de la contribution personnelle et mobiliaire, le montant
» des loyers d'habitation et le nombre des portes et fenêtres
» imposables. »

Il ne peut plus être question de cet article puisqu'il est abrogé et je continue la lecture de celui qui nous occupait, remarquons cependant qu'après la loi de 1807 le gouvernement ne faisait que considérer les agens des contributions comme chargés de recueillir des renseignemens et non de la confection du travail.

Il sera soumis aux Chambres dans leur session de 1842 et ensuite de dix en dix années un nouveau projet de répartition entre les départemens tant de la contribution personnelle et mobiliaire que de la contribution des portes et fenêtres.

A cet effet, les agens des contributions directes *continueront* de tenir au courant les renseignemens destinés à faire connaître le nombre des individus passibles de la contribution personnelle et mobiliaire, le montant des loyers d'habitation et le nombre des-portes et fenêtres imposables.

Vous vous êtes déjà apperçus par les mots *continueront* qu'il y avait d'autres monumens à interroger ; que les lois que nous vous citons n'en étaient que l'écho et qu'avant elles la matière avait dû être reglée.

Pour apprécier la question il faut donc saisir l'ensemble de la législation et remonter à l'organisation de notre système financier. Les premières dispositions que l'on rencontre sur l'assiette et la répartition de l'impôt sont écrites dans les décrets du premier décembre 1790 pour la contribution foncière et du 13 janvier 1791 pour la contribution personnelle et mobilière.

Loi du 1er décembre 1790.

TITRE II. ARTICLE PREMIER. Aussitôt que *les municipalités* auront reçu le présent décret, *elles formeront* un tableau indicatif du nom des différentes divisions de leur territoire, s'il en existait déjà, où de celles qu'elles détermineront s'il n'en existe pas ; et ces divisions s'appelleront sections soit dans les villes, soit dans les campagnes.

ART. 2. Le Conseil municipal choisira parmi ses membres des commissaires qui seront assistés d'un nombre au moins égal d'autres commissaires nommés par le Conseil général de la commune dans une assemblée qui sera indiquée au moins huit jours d'avance et à laquelle les propriétaires domiciliés ou forains, pourront assister et être élus, pourvu néanmoins qu'ils soient citoyens actifs.

ART. 3. *Ces commissaires se transporteront sur* les différentes sections et y formeront un état indicatif des différentes propriétés qui sont renfermées dans chacune ; ils y joindront le nom de leurs propriétaires en y comprenant les biens appartenant aux communautés elles-mêmes.

Les états ainsi formés seront déposés au secrétariat de la municipalité, pour que tous les contribuables puissent en prendre connaissance.

ART. 20. D'après ces évaluations *les officiers municipaux procéderont aussitôt que le mandement du directoire leur sera parvenu, à la confection de* la matrice du rôle conformément aux instructions du directoire du département, qui seront jointes au mandement et seront tenus de faire parvenir cette matrice de rôle arrêtée et signée par eux, au directoire de district dans le délai de quinze jours.

La forme des rôles, de leur envoi, de leur dépôt et la manière dont ils sont rendus exécutoires, sont réglées par l'instruction de l'assemblée nationale.

ART. 21. Les administrateurs de département et de district surveilleront et presseront avec la plus grande activité toutes les opérations ci-dessus prescrites.

Loi du 13 janvier 1791.

TITRE III. — ARTICLE 32. Aussitôt que les municipalités auront reçu le présent décret, elles formeront un état de tous les habitans domiciliés dans leur territoire ; elles le feront publier et le déposeront au greffe de la municipalité où chacun pourra en prendre connaissance.

Viennent ensuite les dispositions relatives à la répartition.

ART. 37. Les officiers municipaux avec les commissaires adjoints, *procéderont* aussitôt que le mandement du directoire du district leur sera parvenu à la confection de la matrice de rôle, etc., etc.

En l'an VI, le Conseil des Cinq-cent crée une
agence des contributions directes et s'occupe de
déterminer les attributions respectives de cette
nouvelle administration et des officiers municipaux ; il confirme à ces derniers tous les pouvoirs
qui leur avaient été donnés par les lois précé-
dentes et voici comment il s'exprime sur les fonctions des agens des contributions.

Loi du 22 brumaire an VI.

..... Il sera établi sous l'autorité du ministre des finances une agence des contributions directes, composée
pour chaque département, des commissaires du directoire
exécutif près les administrations centrales et municipales,
etc., etc.

ART. 4. *Les commissaires près les administrations
municipales* seront *chargés d'aider* les communes dans
la formation ou rectification des matrices de rôles et états
de changements et de tous les travaux de préparation ou
d'expédition relatif à l'assiette, à la perception ou au con-
tentieux des contributions directes.

Les motifs donnés pour justifier cette division
des pouvoirs, sont précieux à consulter. On les
retrouve dans l'instruction publiée à la suite de
la loi.

Instruction.

L'établissement d'une agence des contributions directes,
a pour objet, d'un côté de faciliter aux corps administratifs l'exercice des fonctions qui leur sont attribuées par la
constitution ou par les lois dans cette partie d'administration, et de l'autre côté de donner au gouvernement les
moyens d'exercer la direction et la surveillance que la
Constitution lui attribue sur la perception et le recou-
vrement de ces mêmes contributions. Dans toutes les bran-
ches de l'administration il faut distinguer deux parties : la
décision et le travail d'expédition qui la précède ou la suit.
*Une répartition égale et un mode de perception doux
et facile étant du plus grand intérêt pour les peuples,
la constitution a confié ces objets à des administrateurs*

de leur choix : Mais le but de la constitution est rempli, l'intérêt des peuples est ménagé, lorsque tout ce qui est décision est fait directement et immédiatement par les corps administratifs.

Pour le travail d'expédition, au contraire, les citoyens n'ont d'autre intérêt que celui de le voir faire avec ordre et célérité, *c'est ce simple travail que le nouvel établissement va confier aux commissaires du directoire exécutif près les administrations, et aux inspecteurs qui seront nommés, non-seulement en laissant religieusement aux corps administratifs toutes leurs attributions, mais même en leur permettant, lorsqu'ils seront débarrassés des détails purement mécaniques, d'exercer ces attributions dans toute leur plénitude, et surtout d'être,* selon le vœu de la constitution, les surveillans et les conservateurs des administrés.

Cette distinction était nécessaire à établir pour tracer avec clarté et précision la ligne sur laquelle doivent marcher les divers employés de l'agence des contributions directes, afin de remplir le double objet d'assurer toute son action et toute sa surveillance sur les rentrées des deniers publics, et de faciliter aux corps administratifs l'exercice libre et rapide de leurs attributions constitutionnelles.

Loi du 4 frimaire an 7.

ARTICLE 6. Les municipalités seront tenues dans les dix jours de la reception de la présente loi, *de faire ou faire faire par des commissaires* l'état des portes et fenêtres sujettes à l'impôt.

ARTICLE 11. Après la clôture du rôle l'agent particulier des contributions directes transmettra à l'agent général le résultat des sommes portées dans chaque rôle. Celui-ci les réunira pour en faire connaître le montant au ministre des finances, pour qu'il en rende compte au directoire qui informera le corps législatif.

Loi du 4 frimaire an 8.

En l'an VIII, l'agence des contributions directes est supprimée et remplacée par une direction. L'article 5 est ainsi conçu :

La direction des contributions directes sera chargée uniquement de la rédaction des matrices de rôle, d'après le travail préliminaire et nécessaire des répartiteurs, de l'expédition des rôles et de la vérification des réclamations faites par les contribuables, lesquelles ne pourront être faites que par le corps administratif conformément aux lois.

Il semble au premier abord que des pouvoirs plus étendus sont donnés par cette disposition, mais il est à remarquer que le *travail préliminaire des répartiteurs* est maintenu et que les attributions des divers corps administratifs sont conservées.

Le pouvoir municipal reste donc saisi de son droit d'initiative.

Enfin, Messieurs, en 1831 ses droits reçoivent comme une nouvelle consécration des mains du législateur et si la loi de 1807 a pu jeter quelques doutes ils vont disparaître.

Loi du 21 avril 1831.

ARTICLE 17. Les commissaires répartiteurs assistés du contrôleur rédigeront la matrice du rôle de la contribution personnelle et mobilière. Il porteront sur cette matrice tous les habitans jouissant de leurs droits et non répatés indigens et détermineront les loyers qui doivent servir à la répartition individuelle.

Il sera formé annuellement un état de mutations survenues pour cause de décès, de changement de résidence, de diminution ou d'augmentation de loyer.

ARTICLE. 27. Les commissaires répartiteurs assistés des contrôleurs rédigeront la matrice des contributions des portes et fenêtres d'après les bases fixées par les lois de frimaire an 7 et germinal an 11 sauf les modifications suivantes....

ARTICLE. 31. Il sera soumis aux chambres dans la session de 1841 et ensuite de cinq ans en cinq ans un nouveau projet de répartition entre les départemens tant de l contribution personnelle et mobilière que de la contrib tion des portes et fenêtres.

A cet effet, les agens des contributions directes ompléteront et tiendront au courant les renseignemens destinés à faire connaître le nombre des individus passibles de la contribution personnelle et mobilière, le montant des loyers d'habitation et le nombre des portes et fenêtres.

Jusques à la loi de 1838 que nous vous avons déjà fait connaître, il n'a été publié aucune autre disposition législative sur la matière ; ainsi le décret du premier décembre 1790, celui du 13 janvier 1791, la loi du 22 brumaire, celles des 4 frimaire an 7, 4 frimaire an 8 et 21 avril 1831 règlent en termes formels les attributions respectives des municipalités et de l'administration des contributions.

A l'autorité municipale seule le soin de procéder aux opérations du recensement ou de la répartition et d'établir les matrices des rôles ; les agens du trésor n'ont que le droit d'assister et d'aider dans leurs opérations les fonctionnaires municipaux ou leurs délégués.

Les lois de 1807 et de 1838 ont-elles été faites en vue de bouleverser cet état de choses, de déshériter le pouvoir municipal de ses attributions et de lui enlever le droit d'initiative pour le transporter aux mains des agens du fisc et réduire son autorité à une simple faculté d'assistance qui ne serait qu'une déception dont on ferait bientôt la triste expérience ?

Votre commission n'a pas hésité à repousser ce système ; à ses yeux il est évident que les lois de 1807 et de 1838 n'ont pas prétendu dépouiller les municipalités de leurs attributions et créer au profit du fisc une prérogative nouvelle puisque le législateur n'a fait que donner aux agens du trésor une *continuation* de pouvoir; tels sont les termes dont il s'est servi.

Ce n'est pas ainsi que s'abrogent les lois alors qu'elles touchent à de si hauts intérêts ; les libertés publiques surtout ne doivent jamais se supposer avoir été immolées sans que le législateur ait solennellement annoncé sa volonté ; comment comprendre, d'ailleurs, que cette que tion qui agite aujourd'hui la France entière ait quelques années plutôt passé inaperçue au milieu de l'indifférence de la nation.

C'est donc, Messieurs, en l'état de notre législation, à l'administration municipale seule à agir ; elle doit recevoir le concours du fisc, le sien ne peut être exigé, et votre Commission a été frappée de l'absence de toute disposition législative qui lui imposât ce devoir.

Tels sont nos droits ; convient-il de les abandonner, en cédant à des exigences, dont le but avoué est l'espoir d'une augmentation dans le produit de l'impôt ?

Messieurs, il nous a paru que cette aliénation d'un droit dont l'autorité municipale est dépositaire dans l'intérêt commun, serait une faiblesse impardonnable, et que son abandon serait plus périlleux que sa défense.

Les opérations qui touchent à l'impôt font naître souvent des sentimens de défiance et d'irritation ; le législateur a été sage et prévoyant lorsqu'il a mis entre le fisc et le contribuable l'autorité paternelle des Administrateurs municipaux.

Ne pas laisser les agens du trésor usurper cette place honorable, conserver l'initiative d'un travail aussi important, ne pas prêter concours à des employés qui n'écouteraient que leur zèle, et pour inventorier nos domiciles en franchiraient le seuil.

Tel est, aux yeux de votre Commission, votre droit et votre devoir ; et elle vous propose, en résumé, de déclarer :

1º Que le Conseil municipal n'entend nullement acquiescer au mode suivi dans les opérations du dernier recensement en ce qui est de l'adjonction, selon elle illégale, *de la population flottante* ;

2° Que l'administration municipale doit refuser son assistance aux agens des contributions directes dans les opérations de recensement relatives aux impôts.

***

Les conclusions de ce Rapport ont été adoptées par le Conseil municipal, dans sa séance du 13 août.

Membres présens :

MM. Geoffroy, Ayme, Derat, Delorme, Montagnat, Bosse, Pamard, Teste, Bertet, d'Olivier, Athenosy, Richard, de Ribiers, Baron, Arnaud, Chaillot, Requien, Clément.

Extrait de LA GAZ TTE DU MIDI *du* 9 *août* 1811,
*où les faits relatifs à cette Séance sont soigneu-
sement discutés et passés en revue.*

———

Le Conseil municipal d'Avignon, dans sa séance
du 13 août, a décidé :

1° Qu'il n'entend nullement acqui: r au mode
suivi dans les opérations du dernier recensement
en ce qui est de l'adjonction, illégale à son avis,
de la population flottante.

2° Que l'administration municipale doit refuser
son assistance aux agens des contributions directes dans les opérations de recensement relatives
aux impôts.

Le Conseil, ainsi que notre journal l'avait annoncé dans le temps, avait dès le principe demandé l'autorisation de delibérer sur les circu-
laires de MM. les ministres des finances et de
l'intérieur.

M. le préfet répondit par un refus, il avait
donc fallu ajourner cet examen jusqu'à la session
légale du mois d'août, qui a été ouverte le 4, le
Conseil a nommé alors une Commission chargée
de lui faire un Rapport ; cette décision avait vi-
vement blessé quelques hommes de *juste-milieu
à tout prix ;* ils n'ont rien épargné ni intrigues,
ni tracasseries pour contrarier ou ralentir le travail des commissaires ; mais le Rapport n'en a
pas moins été achevé et présenté au Conseil par
son auteur, M. A. Teste, dans la séance du 12,
un jour avant la clôture de la session.

La lecture à peine achevée, quelques membres
de la minorité ont demandé l'ajournement de la
discussion, prétendant qu'ils n'etaient pas assez
éclairés sur cette affaire et qu'ils avaient besoin

d'étudier le Rapport. Un telle demande, au moment où la session allait finir, n'était bien évidemment qu'une fin de non-recevoir. Un conseiller en a fait l'observation ; aussitôt des récriminations se sont élevées et les auteurs de la proposition d'ajournement ont prétendu qu'on accusait leur bonne foi. La réponse n'était pas difficile et la majorité, tout en déclarant qu'il n'y avait rien de personnel dans ses observations, a établi que, demander un renvoi le 12, quand la session finissait le 13, c'était vouloir mettre le Conseil hors d'état de délibérer légalement. Ces paroles justes et modérées ont redoublé la colère des opposans, et un conseiller voulant faire verser la mesure à leur égard, a proposé que la discussion fût renvoyée au lendemain.

L'opposition ministérielle a reconnu ce bon procédé, comme elle fait toujours en pareil cas. Au lieu d'étudier le Rapport, elle a couru de porte en porte pendant la journée du 13, invitant les conseillers à ne pas venir à la séance et à faire ainsi manquer la délibération ; c'était peu de ces sourdes manœuvres, on a vu dès sept heures et demie du soir le conseiller le plus acharné contre les conclusions du Rapport stationner sur la place pour s'emparer de ses collègues et s'efforcer par tous les moyens d'empêcher leur entrée au conseil ; malgré ces scandaleuses menées, malgré l'absence légitime de plusieurs membres, l'assemblée a pu réunir encore 18 conseilliers et ouvrir la discussion. Dans ce moment, un des hommes qui avaient si indignement oublié les convenances de leur position n'a pas craint d'envoyer un exprès à l'hôtel-de-ville pour faire appeler en son nom un des conseillers et lui dire qu'on l'attendait chez lui pour une affaire pressante ; on a répondu que le conseiller ne pouvait pas sortir, et le Conseil resté en nombre a fait droit aux conclusions du Rapport.

On comprend que cette décision ait porté au plus haut point la colère des meneurs de l'opposition ; mais ce qu'on ne pourrait croire, c'est que, pour se venger de leur désappointement, ils ont, au mépris de la loi, de la jurisprudence et de la raison, fait saisir l'*Indicateur*, parce qu'il avait reproduit la séance du Conseil municipal. Ce journal, au dire du parquet, n'ayant pas de cautionnement, ne pouvait imprimer un débat politique. De la *politique* à propos du recensement ! de la *politique* dans la défense des contribuables contre les prétentions du fisc ! En vérité, M. le procureur du roi d'Avignon n'a pu croire un seul moment qu'une absurdité de ce genre trouverait crédit auprès des magistrats ; il n'a pu oublier que, d'un bout de la France à l'autre, toutes les feuilles provinciales, avec ou sans cautionnement, reproduisent sans distinction toutes les séances des conseils municipaux, et que jamais aucune d'elles n'a subi de poursuites à ce sujet.

Comment donc s'expliquer cette saisie étrange et cet appel indiscret fait à la chambre du conseil pour une affaire qui ne peut pas l'occuper sérieusement ? Il est sans doute parmi nos soi-disant libéraux des hommes dont le servilisme entre en fureur à la seule pensée que d'autres n'acceptent pas les yeux fermés tous les caprices du ministère, des hommes à qui tous les moyens sont bons pour punir les sentimens généreux et l'indépendance. Mais ces gens-là devraient-ils trouver crédit et protection auprès des magistrats du parquet, et faire à plaisir tomber leur vengeance sur le faible quand ils ne peuvent l'exercer sur les mandataires du pays ?

Au surplus, le gérant de l'*Indicateur* doit peu
redouter de pareilles poursuites ; elles retombe-
ront en fin de cause sur ceux qui n'ont pas craint
de les réclamer. Le véritable procès est main-
tenant entre les conseillers municipaux de la minorité et les électeurs d'Avignon. Les premières
élections générales verront s'ouvrir le débat, et
certes, il ne saurait être favorable à ceux qui
ont bravé toutes les convenances parlementaires
pour sacrifier aux exigences du trésor les intérêts
de leurs concitoyens.

Nous croyons devoir faire suivre ces divers
documens par le Discours qu'à prononcé M.
PAMARD , ex-premier adjoint de la mairie ac-
tuelle, dans la séance du 13, où la presque
totalité des membres de l'opposition , ainsi que
nous l'avons dit , avaient fait défaut. L'esprit et
le texte de ce Discours répondent à ceux qui
prétendent que la majorité du Conseil avait
agi dans cette circonstance par esprit de parti
et avait été dominée par l'opinion des membres légitimistes.

DISCOURS

PAR M. PAMARD aîné,

CONSEILLER MUNICIPAL ,

Dans la Séance du 13 août 1841.

MESSIEURS,

Plusieurs des Membres qui siégent habituellement
de ce côté se sont abstenus de venir. Sans me per-
mettre de blâmer leur détermination, je n'ai pas
cru devoir faire comme eux. Je vais en expliquer
la cause.

Je pense qu'on doit toujours avoir le courage de
son opinion, qu'on doit s'éclairer par la discussion
et voter ensuite selon sa conviction. Ce devoir est
celui de tout citoyen investi d'une fonction publique ; mais il est à mes yeux plus obligatoire pour
les partisans du Gouvernement que pour personne.

Nées d'une révolution faite pour rétablir la légalité et la liberté, c'est à l'ombre de ces grands
principes que se sont dévelopées nos institutions et
qu'elles se sont affermies. Mais croit-on qu'elles
seraient stables si le pouvoir s'en écartait; croit-on
qu'on ne fait pas acte de bon citoyen, d'ami du
Gouvernement, lorsqu'on l'avertit quand il s'égare !
Si la restauration avait écouté la voix des Vates-
menil, des Royer-Colard, des Chateaubriand,
croit-on qu'elle serait actuellement à Goritz ?

Oui, c'est comme partisan , comme ami du Gouvernement , que je parle, mais non comme un partisan servile qui flatte le pouvoir même dans ses erreurs , et qui est prêt de l'abandonner lorsqu'elles l'ont précipité dans l'abîme.

Je regarde les révolutions comme un malheur ; mais pour les éviter, il faut savoir faire aux Administrateurs dont les mesures blessent les intérêts du pays, une opposition sage et juste, aux arrêtés qui sont extra-légaux une résistance calme , mais ferme.

S'agit-il d'une de ces discussions brûlantes dont le retentissement en dehors de cette enceinte va semer l'agitation dans les masses ? S'il en était ainsi, je m'opposerais de toutes mes forces à la prise en considération. Mais, il s'agit de maintenir au pouvoir municipal toutes ses prérogatives ; il s'agit de défendre les intérêts de ceux que nous représentons contre les exigences du fisc dont la légalité est contestée. Je le demande à tout homme de bonne foi ; n'est-ce pas là le devoir des Conseillers municipaux , de ceux à qui leurs concitoyens ont confié leurs intérêts et les droits de la communauté ? Ce devoir , je le remplis aujourd'hui.

Il est évident que dans notre organisation politique, éminemment démocratique , le Législateur a voulu que le pouvoir ne pût se procurer de l'argent , c'est-à-dire, la force, le moyen d'agir , de marcher, que lorsqu'il serait en harmonie avec la majorité de la nation.

Ce grand principe est inscrit en tête de notre Constitution : « *L'impôt n'est exigible que lorsque les Chambres l'ont voté.* » Là est toute organisation financière; l'impôt voté est reparti par les Conseils généraux et les Conseils d'arrondissement.

Pense-t-on que lorsqu'on arrive à l'individualité, c'est-à-dire, à ce qui touche de plus près aux intérêts du Citoyen , que le Législateur ait voulu tout-à-coup renverser le principe qui nous régit en matière de finance, donner le droit aux agens du pouvoir de répartir les charges selon leur bon plaisir ? Non, cela n'est pas possible ; car ce serait renverser le principe du Gouvernement même, ce serait substituer l'action du pouvoir à celle du Citoyen, agissant par ses représentans, c'est-à-dire, par le pouvoir municipal, élu par lui pour la défense de ses intérêts.

Non, le Législateur n'a pas créé une telle anomalie ; il a voulu que toutes les fois que le pouvoir demandait de l'argent, il fût accordé par le peuple, parlant par ses représentants.

Lorsqu'un Préfet veut faire tracer une route, jeter un pont, il faut que le Conseil général lui accorde les fonds nécessaires, il ne peut pas acheter une table et une chaise sans son consentement. Il en est de même du Maire, délégué du pouvoir auprès des municipalités, qui ne peut vendre un fagot, faire bâtir un mur sans l'autorisation du Conseil municipal.

J'ai voulu présenter ces considérations générales pour démontrer que la moralité de la loi était d'accord avec le texte, dont je ne me suis pas occupé ici. Car, sur ce point, le lumineux Rapport de notre honorable Collègue ne nous a laissé rien à faire. Il s'est renfermé dans l'énoncé des lois écrites. Mais, je viens de passer en revue les principes de notre législation financière, où les principes sont d'accord avec le texte il ne peut donc rester de doute pour un homme de bonne foi.

Je vote pour l'adoption des conclusions du Rapport.

AVIGNON. — Imprimerie JACQUET, rue St-Marc, n°. 18, à côté des Bains à la Romaine.

182

www.ingramcontent.com/pod-product-compliance
Lightning Source LLC
Chambersburg PA
CBHW070749280326
41934CB00011B/2854